Québec

D0780464

Messageries de Presse Benjamin Inc.

Publié et distribué par / Published and distributed by
© **Messageries de Presse Benjamin Inc.**
9600, rue Jean Milot
Ville LaSalle (Québec)
Canada H8R 1X7

Rédaction / Written by
Anne Gardon

Recherche et conception graphique
Research and design
Michel Gagné

Traduction et révision / Translation et proofing
Nancy Lyon, Françine St-Jean, Patricia Miller, Perry Mastrovito

Dépôt légal 1996
Bibliothèque nationale du Québec
Bibliothèque nationale du Canada
National Library of Canada

ISBN 2-921529-06-8

Photographie de
Photography by

Réflexion Photothèque

Walter Bibikow
Pages 8-9, 76, 77, couverture arrière

Paul Jensen
Page 82

Tibor Bognar
Pages 34, 62, 63, 67

Sébastien Larose
Pages 71, 72, 104, 106, 107, 110

Derek Caron
Pages 42, 43

Francis Lépine
Pages 40-41, 85, 90, 94, 95, 96, 97, 99, 100, 102, 103, 105, 112

David Chapman
Pages 10-11, 20,

Perry Mastrovito
Pages 4-5, 21, 26, 27, 30, 32, 70, 84

Michel Gagné
Pages 25, 28-29, 31, 35, 36, 37, 33, 39, 44, 45, 78, 80, 81

Sheila Naiman
Pages 14, 86, 87,

Anne Gardon
Pages couverture, 1, 13, 15, 17, 22, 23, 24, 33, 64-65, 66, 73, 75, 79, 83, 93, 98, 101, 108, 109

Sean O'Neill
Pages 12, 19, 46, 47

Yves Tessier
Pages 18, 48, 49, 50, 51, 52, 54, 55, 56, 57, 58, 59, 60, 61, 68, 69, 74, 92

Miche Gascon
Pages 88, 89
Léo Henrichon
Page 16

André Vigneau
Page 111

Sommaire
Contents

P ays de vastes espaces sauvages et de villes dynamiques, le Québec est une mosaïque fascinante de traditions et de cultures différentes, un heureux mélange d'ancien et de nouveau. Sa saveur européenne aux accents du Nouveau Monde ainsi que la variété infinie de ses paysages en font une destination favorite des voyageurs à la recherche de nature vierge comme de riche patrimoine culturel.

La plus grande des dix provinces canadiennes s'étend de la plaine fertile du fleuve Saint-Laurent jusqu'aux étendues arides de la terre de Baffin. Cet immense territoire fait trois fois la France, sept fois le Royaume-Uni, et il est un peu plus vaste que l'Alaska.

Venus d'Asie avant que les continents se séparent, les Premières Nations — les Amérindiens et les Inuit — occupaient le Québec depuis plusieurs millénaires lorsqu'arrivèrent les premiers Européens. C'étaient des Basques et des Bretons venus pêcher la baleine et la morue dans les eaux fertiles du golfe du Saint-Laurent.

Mais il faudra attendre 1534 et l'arrivée de Jacques Cartier pour que s'affirme la présence européenne. En 1608, Samuel de Champlain fonde la ville de Québec et, bientôt, les coureurs des bois envahissent le territoire à la recherche de fourrures. L'arrivée massive de colons en Nouvelle-France modifie le paysage et accélère le mouvement de l'urbanisation. Aujourd'hui, quatre Québécois sur cinq vivent en milieu urbain.

Bastion de la francophonie en Amérique du Nord, le Québec du xxe siècle est aussi le pays d'adoption de nombreux groupes ethniques qui l'ont enrichi de leurs coutumes et qui ont transformé les grandes métropoles comme Montréal en véritable kaléidoscope culturel.

Mais pour le visiteur, le Québec se caractérise avant tout par ses vastes étendues de toundra et de taïga, ses forêts mystérieuses, ses millions de lacs et de rivières, sa faune abondante et ses horizons infinis.

Bienvenue au Québec !

L *and of vast wilderness and dynamic cities, Québec is a fascinating mosaic of different traditions and cultures, a harmonious blend of old and new. Its European flavor spiced with New World accents, and its exciting variety of landscapes make it a favorite destination for travellers seeking unspoiled nature and a rich cultural heritage.*

The largest of the ten Canadian provinces, Québec stretches from the fertile Saint-Lawrence Lowlands to the vast arid expanse of Baffin Island. Québec's immense territory is three times the size of France, seven times the size of the United Kingdom and slightly larger than Alaska.

Québec's first inhabitants, the First Nations — the Amerindians and Inuits - migrated from Asia thousands of years ago, before the continents drifted apart. These aboriginal peoples were living in the Québec territory when the first Europeans arrived — Basque and Breton fishermen coming to the fertile Gulf of St. Lawrence to hunt whales and fish for cod.

But it wasn't until after Jacques Cartier arrived in 1534 that the European presence in Québec grew strong. In 1608 Samuel de Champlain founded Québec City, and French coureurs des bois came in droves to the New World territory to trade in precious furs. The arrival of the European colonists in New France altered Québec's landscape and fostered urbanization. Today, four out of five Quebecers live in an urban environment.

The French-speaking bastion in North America, 20th century Québec is the adopted homeland for many ethnic communities. They enrich the province with their traditions and transform cities like Montréal into vibrant cultural kaleidoscopes.

But for most visitors, Québec still conjures up an almost mythical image of vast expanses of tundra and taiga, evergreen forests, millions of sparkling lakes and rivers, abundant wildlife, and endless horizons.

Welcome to Québec !

Le Québec de la nature

Québec's Natural Grandeur

L'île d'Anticosti

Île enchantée, repaire de pirates et royaume utopique d'Henri Menier, «roi du chocolat de France», Anticosti fut tout cela au cours de sa longue histoire.

Née 4000 ans avant Jésus-Christ au milieu du golfe du Saint-Laurent, l'île d'Anticosti est restée aussi sauvage qu'à ses origines. Bordée de rives escarpées qui furent le site de maints naufrages, sillonnée de canyons profonds où plongent des chutes vertigineuses, elle est le domaine du cerf de Virginie, introduit par Henri Menier au tournant du siècle dernier et dont le cheptel est maintenant évalué à 120 000 têtes.

Anticosti Island

Enchanted island, pirate's lair and fanciful kingdom of France's "Chocolate King" Henri Menier — Anticosti has been all of these throughout its long history.

As wild and unspoiled as when it first rose out of the Gulf of St. Lawrence in 4,000 B.C., Anticosti's steep rocky shorelines have witnessed centuries of shipwrecks. Its surface is crisscrossed with pristine waterfalls plunging into deep canyons. It is the domaine of the white-tailed deer, whose numbers have grown to 120,000 since Henri Menier introduced them to the island at the turn of the century.

Féerie d'hiver
L'hiver crée un monde à la beauté étrange que la lumière diaphane du coucher du soleil transforme en toile impressionniste.

Les phoques du Groenland
Si l'ours, le castor et la marmotte disparaissent dans leur tanière à l'approche des premières neiges, l'hiver n'est pas dénué de vie pour autant. Les phoques du Groenland descendent par millions de l'Arctique pour venir mettre bas sur a banquise qui emprisonne les Îles-de-la-Madeleine. En quelques semaines, les nouveau-nés, appelés blanchons, perdent leur pelage immaculé pour revêtir une livrée argentée.

Winter Magic
Winter creates a world of strange beauty which the setting sun transforms into an Impressionist painting.

Greenland Seals
Bears, beavers and marmots may disappear into their winter dens after the first snow, but winter is not devoid of life. Greenland seals arrive from the Arctic by the millions to give birth on the ice floes surrounding the Magdalen Islands. After a few weeks the newborn pups exchange their fluffy white fur for silvery coats.

15

L'élan d'Amérique

Pesant jusqu'à une demi-tonne, l'orignal est le plus grand cervidé au monde. Timide et placide, il vit dans les forêts, près des lacs peu profonds. Bon nageur, il se régale de plantes aquatiques.

Les coloris d'automne

Les forêts, qui couvrent plus de la moitié du Québec, se parent d'or et de rubis à l'automne. Dernier sursaut de la belle saison, l'été des Indiens était, pour les Amérindiens, le temps de laisser leur camp d'été pour leur quartier d'hiver.

North American Moose

Weighing nearly half a ton, the moose is the giant of the deer family. Reserved and peaceful, he lives in the woods near shallow lakes, feasting on aquatic plants. He is a strong swimmer.

Autumn colours

Deciduous forests, which cover more than half of the Québec territory, turn to fiery gold and ruby in the autumn. This last burst of balmy weather, known as Indian Summer, signalled the time for Amerindians to leave their summer camps for their winter quarters.

Les oies du cap Tourmente...

Situé entre l'Arctique et les contrées chaudes du sud, le Québec est, au printemps et à l'automne, le théâtre de vastes migrations aviaires. Le cap Tourmente, situé près de la capitale, reçoit plus de 500 000 oies des neiges, appelées aussi oies blanches.

et les baleines du Saint-Laurent

Durant l'été, les baleines viennent se nourrir dans les eaux fertiles du Saint-Laurent. Le Québec est l'un des rares endroits au monde où l'on peut observer, durant la même période, dix espèces de cétacés, depuis la baleine bleue — le plus grand mammifère au monde — jusqu'au béluga, une petite baleine blanche baptisée «canari des mers» à cause de son chant.

Cap Tourmente Geese

Situated between the Arctic and the warmer countries to the south, Québec puts on a spectacular natural show in spring and autumn. Thousands of birds migrate north to the Arctic in spring, and to the south in autumn. Cap Tourmente near Québec's capital accommodates over 500,000 snow, or white geese.

...and St. Lawrence Whales

Every summer a great number of whales come to feed in the plankton rich waters of the Saint Lawrence. Québec is one of the rare places in the world where 10 species of whales can be observed at the same time — from the blue whale, the world's largest mammal, to the small white beluga, nicknamed "the sea canary" because of its song.

De petit ruisseau à un grand lac

Sillonnée de cours d'eau grands et petits, ponctuée d'un million de lacs, la province de Québec est le plus grand réservoir d'eau potable au monde.

Une forêt diversifiée

Les forêts, qui couvrent une grande partie du territoire, sont formées, dans le sud, de différentes essences d'érables et de feuillus, et offrent un spectacle éblouissant à l'automne.

From Small Streams to Great Lakes

Threaded with small and large rivers and scattered with a million lakes, the province of Québec has the largest quantity of fresh water in the world.

A diversified Forest

Forests cover a large area of Québec's landmass, and in the southern regions are comprised of various types of maples and other deciduous trees which display a dazzling show in autumn.

L'archipel des îles de Mingan

Avec ses monolithes de calcaire sculptés par la mer, ses colonies d'oiseaux et sa végétation particulière, l'archipel de Mingan est un écosystème unique au monde.

D'île en île

Un siècle avant l'arrivée de Jacques Cartier dans le Nouveau Monde, les pêcheurs basques fréquentaient déjà la Côte-Nord où ils pêchaient la morue et chassaient la baleine. On retrouve les vestiges de leur passage sur l'île du Petit Mécatina.

The Mingan Archipelago

With its limestone monoliths sculptured by the sea, its colonies of seabirds and native vegetation, the Mingan Archipelago is one of the world's most unique ecosystems.

From Island to Island

A century before Jacques Cartier's arrival in the New World, Basque fishermen were already fishing and hunting along Québec's North Coast to fish for cod and whales. Traces of their presence can be found on Petit Mécatina Island.

Le jardin fleuri

Joyaux du monde végétal, les orchidées — ici un sabot-de-la-vierge — dressent au printemps leurs délicates corolles dans les sous-bois, tandis que les collines de la Montérégie se couvrent des nuages blancs de pommiers en fleurs.

The Blooming Garden

Orchids are the jewels of the floral world. Here some yellow lady slippers display their delicate petals in the spring undergrowth, while white clouds of blooming apple trees cover Montérégie's hills.

L'île aux oiseaux

Comme un grand navire échoué au large de la Gaspésie l'île Bonaventure est habitée par la plus grande colonie de fous de Bassan en Amérique du Nord. Déclarée «Refuge d'oiseaux migrateurs» en 1919, elle abrite de nombreuses autres espèces, en tout plus de 280 000 oiseaux.

Island of the Birds

Lying like a grounded ship off the coast of the Gaspé Peninsula, Bonaventure Island is a santuary for North America's largest colony of gannets. Designated as a refuge for migrating birds in 1919, the island shelters several other species, for a total of more than 280,000 birds.

Le Québec des citadins

Québec Cityscapes

L'île Sainte-Hélène et le centre-ville de Montréal
Sainte-Hélène Island and downtown Montréal

Montréal, un heureux mélange

Métropole vibrante de jour comme de nuit, Montréal est un heureux mélange d'ancien et de nouveau, combinant avec bonheur la fébrilité nord-américaine et l'art de vivre à l'européenne.

Montréal, a Perfect Blend

Day or night, Montréal is a vibrant metropolis showing off an alluring blend of traditional and modern: a North American dynamism graced with a European sensibility and flair for living.

L'oratoire Saint-Joseph

Le peuple québécois a toujours été profondément religieux et sa foi se reflète dans les grands sanctuaires et les cathédrales somptueuses comme dans les églises de village. Fondé par le frère André, à qui l'on attribue de nombreux miracles, l'oratoire Saint-Joseph dresse sa silhouette au-dessus de Montréal.

Le joyau néo-gothique

Bien qu'elle fut construite au siècle dernier, la basilique Notre-Dame, dans le Vieux-Montréal, est la digne descendante des grandes cathédrales du Moyen-Âge. Son fabuleux décor polychrome est l'œuvre des plus grands artistes du temps.

Saint-Joseph's Oratory

The people of Québec have always been deeply religious. Their devotion is reflected in their sumptious basilicas and cathedrals as well as in their small village churches. The silhouette of St. Joseph's Oratory, founded by healer Brother André, rises magestically over Montréal.

Neo-Gothic Jewel

Although it was built in the 19th century, the Notre-Dame Basilica in Old Montréal echoes the traditions of Europe's great medieval cathedrals. Its magnificently decorated, hand-painted and gold-leafed wood interior is the work of Québec's greatest artists of the time.

La culture au cœur de la ville

Centre culturel de Montréal, la Place des Arts regroupe plusieurs salles de concerts et le Musée d'art contemporain autour d'une vaste esplanade, agrémentée d'un plan d'eau et de cascades, qui est le site de plusieurs fêtes et festivals durant l'été.

Écho du passé

Faisant face au fleuve Saint-Laurent, et avec sa silhouette de navire, le Musée d'archéologie et d'histoire de la Pointe-à-Callière est construit sur les lieux mêmes où fut fondée Montréal. Relatant six siècles d'histoire, il abrite les vestiges des fortifications de la ville.

Culture in the Heart of the City

Montréal's elegant cultural center, the Place des Arts, houses several concert halls and the Museum of Contemporary Art. Its central square, enhanced with decorative pools and fountains is the setting for many summer festivals and special events.

Echoes of the Past

Facing the St. Lawrence River, the silhouette of the Pointe-à-Callière Museum of History and Archaeology is reminiscent of a ship. Built upon the site where the City of Montréal was founded, the museum showcases six centuries of history and shelters the ruins of the original fortifications of the walled town.

Hommage au fondateur

La place d'Armes était le cœur de la cité sous le Régime français. Entouré de bosquets fleuris, le monument à Maisonneuve rend hommage au fondateur de la ville.

A Tribute to Montréal's Founder

Place d'Armes was the heart of Old Montréal under the French Regime. Landscaped with blooming trees, the monument honours Sieur de Maisonneuve, the founder of Montréal.

Témoins de l'histoire

Dominé par le dôme du marché Bonsecours et la flèche de l'hôtel de ville, le Vieux-Montréal a conservé son élégance malgré le passage des ans. Sur la place Jacques-Cartier se dresse le premier monument au monde érigé en l'honneur d'Horatio Nelson, le vainqueur de Trafalgar.

Witnesses of Time

The silvery dome of the Bonsecours Market and the spire of City Hall tower over Old Montréal, which has retained its elegance despite the passage of time. The first monument in the world erected to honour Horatio Nelson, British naval hero who won the Battle of Trafalgar, stands in Place Jacques-Cartier.

Le terrain de jeu...

Lieu de l'Exposition universelle de 1967, le Parc des Îles est aujourd'hui un vaste site récréatif traversé de canaux et orné de jardins fleuris, où les familles montréalaises se retrouvent pour pique-niquer et pratiquer une multitude de sports et de jeux.

et les jeux de hasard

Aménagé dans l'élégant pavillon de France de l'Expo, le Casino de Montréal offre d'autres jeux tels que roulette, baccara, black-jack et 1700 machines à sous.

Playground for Families

Site of the 1967 World's Fair, the Parc des Îles is today a vast recreational park threaded with canals and brightened with blooming gardens. Montrealers gather to enjoy family picnics and a variety of sports and games.

and Lady Luck...

The elegant French Pavilion built for Expo '67 is now the luxurious Montréal Casino, with gaming tables for Roulette, Blackjack, Baccarat and 1,700 slot machines.

La joie de vivre

L'atmosphère européenne de Montréal se manifeste plus particulièrement dans ses rues bordées de terrasses, de cafés, de restaurants et aussi dans ses grandes fêtes populaires.

The Zest for Life

Montréal's European spirit and ambiance comes alive in streets lined with outdoor café-terrasses and restaurants, and a non-stop round of summer festivals.

Jazz en ville

Au début du mois de juillet, le Festival international de jazz réunit les plus grands artistes du monde entier dans les salles de spectacles et sur les scènes extérieures.

Jazz in the City

At The Montréal International Jazz Festival in early July, the world's greatest musicians gather to perform in concert halls and on outdoor stages.

À vos marques, prêts, partez!

Site des Jeux olympiques d'été de 1976, le Parc olympique est un vaste complexe à l'architecture futuriste, dominé par la plus haute tour inclinée au monde. Le Biodôme, pour sa part, est un musée vivant qui abrite quatre écosystèmes avec leurs plantes et leurs animaux.

Le grand jardin au cœur de la ville

À côté, le Jardin botanique est le deuxième plus important au monde et son Jardin de Chine, le plus vaste en son genre hors d'Asie. Les pavillons ont été construits par des artisans chinois, selon les méthodes traditionnelles.

On your mark, get set — Go!!!

Site of the 1976 summer Olympic Games, Olympic Park is a gigantic futuristic sports complex dominated by the world's tallest inclined tower. The Biodôme is a living museum sheltering under one roof four different ecosystems and their native plants and animals.

A Garden in the City's Heart

Right next door, the Montréal Botanical Garden is the second largest in the world, and its Chinese Garden is the largest of its kind outside of Asia. The Chinese pavilions were built by Chinese artisans according to traditional methods.

Un oasis au centre-ville

Îlot de verdure au cœur de la ville, le mont Royal, affectueusement appelé «la montagne», domine le centre-ville du haut de ses 233 m. Le parc, créé par Frederick Law Olmsted, à qui l'on doit également l'aménagement de Central Park, à New York, est le refuge d'une faune abondante et variée — écureuls, faisans, gélinottes huppées — mais pas de castors, malgré le nom du lac qui est l'une des principales attractions. Du belvédère, la vue sur le centre-ville est splendide et les amoureux s'y retrouvent pour admirer le panorama.

A Mountain Oasis

Affectonately called "The Mountain," Mount Royal is an oasis of green in the heart of the city, rising 233 metres over downtown Montréal. Designed by Frederick Law Olmsted, creator of New York City's Central Park, Mount Royal shelters an abundant variety of wildlife, including squirrels, pheasants and grouse. Although there are no beavers in the park, Beaver Lake is one of the park's main attractions. The Chalet lookout affords a splendid panorama of the downtown area, inviting lovers to admire the sunrise.

L'histoire au quotidien

Désignée «Ville du patrimoine mondial» par l'Unesco, Québec dresse sa fière silhouette sur le cap Diamant. Agrémentée de kiosques victoriens, la terrasse Dufferin offre une vue imprenable sur le fleuve Saint-Laurent, ses deux rives et l'île d'Orléans.

History as part of Daily Life

Designated a UNESCO "World Heritage Site," Québec City's proud silhouette rises over Cape Diamond. Graced with Victorian gazebos, the Dufferin Terrace offers breathtaking views of Île d'Orléans and both shores of the Saint Lawrence River.

La Citadelle et ses traditions

Construite en forme d'étoile, selon les principes des fortifications à la Vauban, la Citadelle présente chaque jour de l'été le spectacle haut en couleurs de la relève de la garde.

The Citadel and its Traditions

Every day during the summer, the star-shaped Québec Citadel, the fortification built according to the design of Vauban, is the scene of a colorful military performance — the changing of the guard.

Rue des artistes

La minuscule rue du Trésor doit son nom à l'édifice où les premiers colons venaient verser leurs redevances au trésor royal. Aujourd'hui, elle est une galerie à ciel ouvert où les artistes locaux exposent leurs œuvres.

Rue des terrasses

Juste à côté, la rue Sainte-Anne accueille musiciens et amuseurs publics qui divertissent les passants et les clients attablés aux terrasses des restaurants.

Artists' Alley

The tiny Rue du Trésor is named after the building where colonists once paid their taxes to the Royal Treasury. Today it is an outdoor art gallery for local artists to display their work.

Musical Streets

Beside it, Rue Sainte-Anne is enlivened by street musicians, clowns and jugglers who entertain strollers and clients of outdoor cafés and restaurants.

Berceau de la ville

La Basse-Ville s'étend autour de la place Royale où se dresse l'église Notre-Dame-des-Victoires. C'est ici que Champlain construisit, en 1608, le premier établissement permanent en Amérique.

Une vitalité retrouvée

Grâce à une restauration méticuleuse, le quartier Petit-Champlain a retrouvé son animation des premiers jours.

The City's Birthplace

In the heart of Québec's Lower Town is the Place Royale, graced by the Church of Our Lady of Victories. On this site Samuel de Champlain built in 1608 the first permanent building in North America.

A Renewed Vitality

After elaborate restorations, the Petit Champlain Quarter has regained its original vitality.

Québec politique
De style Second Empire, l'hôtel du Parlement, où siège l'Assemblée nationale, domine la colline parlementaire et ses jardins luxuriants.

Québec Government
The Second Empire style Parliament Building, where Québec's elected representatives of the National Assembly convene, overlooks Parliament Hill and its luxuriant gardens.

Québec fortifiée
Les remparts qui entourent la vieille ville sur près de 5 km offrent aux piétons une agréable promenade. La porte Saint-Louis donne accès au Vieux-Québec.

Fortified Québec
The ramparts which surround Old Québec City for nearly five kilometers offer pedestrians a pleasant promenade. The Saint-Louis Gate opens onto the old town.

Festivités d'hiver

Le Carnaval de Québec est le plus grand carnaval d'hiver au monde et le troisième en importance après ceux de Rio et de la Nouvelle-Orléans. Les dix jours de festivités sont patronnés par le Bonhomme Carnaval qui siège dans un magnifique palais de glace.

Vite, vite, encore plus vite!

Parmi les nombreuses activités — concours de sculptures de glace et courses de canots sur le Saint-Laurent — la glissoire aménagée sur la terrasse Dufferin garantit des frissons aux petits comme aux grands.

Winter Festivities

Québec City's Winter Carnival is the largest winter carnival in the world, and the third largest carnival after Rio de Janiero and New Orlear.s. The Carnival's mascot "Eonhomme Carnaval" reigns over the ten days of festivities from his enchanting ice palace.

Faster, faster — and faster!

Among the many carnival activities, including ice sculpting contests and canoe races on the St. Lawrence, the slide on the Dufferin Terrace is a thrill for kids and grown-ups alike.

Le château des amoureux

Inauguré en 1893, le château Frontenac est l'un des hôtels les plus célèbres au monde. C'est ici que fut complété le plan du débarquement de Normandie. Chaque nuit, au moins un couple y passe sa lune de miel.

Lover's Château

Inaugurated in 1893, the Château Frontenac is one of the world's most celebrated hotels. The plans for the Normandy Landing were completed here, and every night at least one couple spends a honeymoon..

L'ancien et le moderne

Au centre de la place de Paris, une sculpture contemporaine intitulée «Dialogue avec l'histoire» est l'œuvre du Français Jean-Pierre Raynaud et a été offerte par la ville de Paris.

The Old with the New

A contemporary sculpture entitled "Dialogue with History" stands at the centre of the Place de Paris. Sculpted by the French artist Jean-Pierre Raynaud, it is a gift from the City of Paris.

Le ville de Hull

Située en face d'Ottawa, au bord de la rivière des Outaouais, Hull est célèbre pour son Musée canadien des civilisations, consacré à l'histoire du Canada et aux différentes cultures amérindiennes.

Le Musée canadien des civilisations

Inaugurés en 1989, les bâtiments aux courbes gracieuses représentent le paysage canadien, tel qu'interprété par l'architecte albertain Douglas Cardinal. De forme elliptique, la grande galerie présente des expositions sur les Amérindiens de la côte ouest.

The City of Hull

Across from Ottawa on the Ottawa River, the city of Hull is renowned for its Canadian Museum of Civilization dedicated to the history of Canada and to the cultures of the various Native peoples.

The Canadian Museum of Civilization

Inaugurated in 1989, the museum's gracefully curved buildings express Albertan architect Douglas Cardinal's vision of the Canadian landscape. The oval-shaped Grand Hall presents exhibitions on the Native peoples of the Canadian Pacific Coast.

Le Québec rural

Québec Rural Scenes

Coucher de soleil à Rivière-au-Tonnerre / *Sunset at Rivière-au-Tonnerre*   64

Villages paisibles

À l'extrémité orientale du Québec, entre le Labrador et Terre-Neuve, la Basse-Côte-Nord est parsemée de hameaux, de baies tranquilles et d'îles souvent désertes. Harrington Harbour est célèbre pour ses trottoirs de bois et ses maisons colorées.

Peaceful Villages

The Lower North Shore, at Québec's eastern extremity between Labrador and Newfoundland, is scattered with hamlets, tranquil coves and many uninhabited islands. Harrington Harbour is renowned for its wooden boardwalks and colored houses.

Au pays du poète

Natashquan, dont le nom vient d'un terme montagnais signifiant «endroit où l'on chasse l'ours», est le village natal du poète et chanteur Gilles Vigneault.

The Poet's Home

Natashquan is a village whose Montagnais name means "the place where they hunt the bear." It is the birthplace of the poet and singer Gilles Vigneault.

L'île tranquille

De Québec jusqu'au golfe, le Saint-Laurent égrène un chapelet d'îles, grandes et petites. Entre Rivière-du-Loup et Trois-Pistoles, l'île Verte constitue un havre de paix et de tranquillité, idéal pour le cyclotourisme. Des champs de lupins bordent les chemins de campagne, ponctués de croix.

A Tranquil Island

From Québec City to the Gulf, the St. Lawrence is scattered with large and small islands. Between Rivière-du-Loup and Trois-Pistoles, Île Verte is a haven of tranquility, ideal for bicycle touring. Fields of colorful Lupins border country roads decorated with high crosses.

D'îles en dunes

Perdu au milieu du golfe du Saint-Laurent, les îles de la Madeleine sont au nombre de huit, dont six sont reliées par de longues dunes de sable.

La mer généreuse

Sur l'île du Havre-Aubert, la Grave était anciennement le lieu où les habitants venaient acheter le poisson des pêcheurs. C'est aujourd'hui un site historique. Les eaux fertiles qui entourent les îles sont propices à la pêche au homard, au crabe et autres crustacés.

Of Islands and Dunes

Isolated in the middle of the Gulf of St. Lawrence, the Magdalen Islands consist of eight islands, six of which are linked by long sand bars.

The Bountiful Sea

Long ago Magdalen islanders came to buy fresh fish from the fishermen at "La Grave" on Ile du Havre-Aubert. It is now a historic site. The waters surrounding the islands provide fishermen with a rich harvest of lobster, crab and other shellfish.

Charlevoix, muse des peintres

Avec ses douces collines, ses champs fleuris et ses villages coquets, Charlevoix a inspiré les peintres québécois d'hier et d'aujourd'hui — Clarence Gagnon, Marc-Aurèle Fortin, René Richard, Jean-Paul Lemieux. Ci-haut le peintre Pierre Labrecque.

Charlevoix, the Artist's Inspiration

With its soft rolling hills, flowering fields and charming villages, Charlevoix has inspired generations of Québec artists, including Clarence Gagnon, Marc-Aurèle Fortin, René Richard, and Jean-Paul Lemieux. Artist Pierre Labrecque, pictured above.

Baie pittoresque

Baie-Saint-Paul occupe un site remarquable à l'embouchure de la rivière du Gouffre. Surnommée «Paradis des artistes», la petite ville abrite de nombreuses galeries et boutiques.

Tadoussac, à l'embouchure du Saguenay

Comme Jacques Cartier et Samuel de Champlain, les visiteurs sont toujours émerveillés par la beauté de la baie de Tadoussac. Son port est l'un des principaux lieux de départ des excursions d'observation des baleines.

Picturesque Bay

With its dramatic setting at the confluence of the Gouffre and St. Lawrence Rivers, Baie St-Paul deserves its name "The "Artists' Paradise." This small town supports several art galleries and boutiques.

Tadoussac, Gateway to the Saguenay

The beauty of Tadoussac Bay enchants visitors today just as it did Jacques Cartier and Samuel de Champlain. This port is one of the main departures points for whale-watching excursions.

Percé et son rocher

Artiste accomplie, la nature a façonné le rocher Percé pendant des millénaires, l'incrustant de fossiles et le séparant peu à peu de la terre pour former une gigantesque sculpture qui ne cesse d'étonner et de séduire.

Percé and its Rock

Nature is a clever artist. Over the milleniums it has chiseled the Percé Rock, encrusted it with fossils and gradually separated it from the shore to create a gigantic sculpture that never ceases to amaze and captivate.

La péninsule aux mille phares

Baignée d'une atmosphère marine, la Gaspésie navigue de phare en phare et de baies tranquilles en pittoresques ports de pêche.

Peninsula of a Thousand Lighthouses

Sailing around the Gaspé Peninsula, from lighthouse to lighthouse, and from quiet cove to picturesque fishing harbour, one falls under a bewitching maritime spell.

Au pays des «Bleuets»

Gorge profonde creusée lors de la dernière ère glaciaire, le fjord du Saguenay mène à un «royaume» bucolique dont les habitants se nomment les «Bleuets».

Home of the "Blueberries"

The Saguenay Fjord, the deep gorge carved during the last ice age, is the gateway to a bucolic "kingdom" whose inhabitants refer themselves to as "bleuets" — blueberries.

Sainte-Rose-du-Nord

Nichée entre deux escarpements rocheux, Sainte-Rose-du-Nord est l'une des escales des bateaux de croisière qui sillonnent le fjord le plus méridional au monde.

Sainte-Rose-du-Nord

Nestled between two rocky escarpments, Sainte-Rose-du-Nord is one of the stops for cruise boats traversing the world's southernmost fjord.

La rivière Richelieu et sa vallée

Traversant la plaine fertile de la Montérégie, la vallée du Richelieu est jalonnée de forts militaires qui furent le théâtre de nombreuses batailles.

La montagne refuge

Déclarée «Réserve de la biosphère» par l'Unesco, le mont Saint-Hilaire est un refuge d'oiseaux migrateurs.

Richelieu River and its Valley

Cutting through the fertile plains of the Monteregian Hills region, the Richelieu Valley is know for its military forts which were the scenes of many battles.

A Mountain refuge

Designatea a UNESCO "Biosphere reserve," Mont Saint-Hilaire is a refuge for migrating birds.

Le pont de Mansfield
Témoins d'une epoque, les ponts couverts sont disséminés partout au Québec. L'Outaouais en compte dix, dont celui de Mansfield est le plus long.

Histoire d'une forêt
Les immenses forêts de pins rouges et blancs, qui couvrent la région, fournirent le bois de construction des navires de la Grande-Bretagne durant la guerre contre Napoléon et alimentent encore le marché mondial.

Mansfield Bridge
Weathered witnesses of time, covered bridges dot the Québec cour tryside. The Ottawa River region has ten covered bridges, of which Mansfield's bridge is the longest.

History of a Forest
Huge forests of red and white pine cover the region that supplied Great Britain with wood for shipbuilding during the Napoleonic Wars. These forests still supply the international market.

La villégiature par excellence

Les Laurentides figurent parmi les plus vieilles montagnes du monde entier. Dotées d'une multitude de lacs et couvertes de forêts, elles sont le terrain de jeu favori des Montréalais, attirés par une gamme étendue d'activités touristiques et sportives.

A Resort Playground — par excellence

The Laurer.tians are among the oldest mountains on the planet. Covered with forests and sprinkled with hundreds of lakes, this region's wide range of recreational and sports activities make it the favorite playground of Montrealers.

Le mont Tremblant

La région du mont Tremblant possède la plus grande concentration de centres de ski en Amérique du Nord.

Mont Tremblant

This region has the highest concentration of alpine ski resorts in North America.

Vallées de Beauce...

À la frontière des États-Unis, la Beauce et l'Estrie s'étendent sur les contreforts des Appalaches et partagent les mêmes paysages bucoliques et le même héritage culturel.

et d'Estrie

Colonisées par les loyalistes fuyant la révolution américaine, puis par les Irlandais et enfin par des Canadiens-français, ces deux régions ont un riche patrimoine architectural.

Beauce Valley

Bordering the United States, the Beauce and Estrie regions stretch from the Appalachian foothills and have the same rural landscapes and cultural heritage.

...and Estrie

Settled by the Loyalists fleeing the American Revolution, and later by the Irish and French Canadians, these two regions enjoy a rich architectural heritage.

Les Inuit de Nunavik

Venus d'Asie il y a plus de 5000 ans, les Inuit habitent le Nunavik, territoire de toundra et d'aurores boréales qui occupe le tiers du Québec entre les 55ᵉ et 62ᵉ parallèles. Fiers de leur culture et de leurs traditions millénaires, remarquablement adaptés à leur environnement austère, les Inuit sont de fameux chasseurs et pêcheurs.

Nunavik Inuit

The Inuit emigrated from Asia over 5,000 years ago. They live in Nunavik, a land of tundra and Northern lights occupying one third of Québec's territory — between the 55th and the 62nd parallels. Renowned hunters and fishermen, they are proud of their culture and timeless traditions, and have adapted remarkably well to their harsh environment.

Le Québec du plein air

Québec Outdoor Adventures

Le parc des Hautes-Gorges de la rivière Malbaie
Hautes-Gorges Park of the Malbaie River

Le paradis du canot

Autrefois empruntés par les Amérindiens, puis par les coureurs de, bois et les missionnaires au xviiie siècle, les cours d'eau du Québec n'attendent aujourd'hui que la pagaie des explorateurs modernes. Fleuves tranquilles ou rivières tumultueuses, ils sont l'un des meilleurs moyens, parfois le seul, de pénétrer au cœur du territoire demeuré sauvage. Depuis des temps immémoriaux, la rivière Moisie a été la route empruntée par les Montagnais. Des expéditions en canot rabaska — longue embarcation conçue pour les grands voyages et pouvant transporter jusqu'à 13 passagers — font découvrir aux aventuriers les paysages spectaculaires de la Côte-Nord.

A Canoeing Paradise

Québec's winding rivers, ancient highways of the Amerindians, that were later used by 18th century French Canadian trappers, fur traders hunters and missionaries. Today they invite modern-day adventurers and explorers. Quiet or tumultuous, rivers are often the best- and sometimes the only - way to access the heart of unspoiled wilderness territories. The Moisie river has been the ancestral route of the native Montagnais since time immemorial. Expeditions by rabaska canoe — a 13-person canoe developed by the Amerindians for long journeys — enable modern adventurers to explore the spectacular landscapes of Québec's North Shore.

Retour à la nature

Disséminés dans la province, une vingtaine de parcs offrent aux campeurs des sites naturels magnifiques où l'on peut renouer contact avec la nature et retrouver le rythme paisible de la vie d'autrefois autour d'un feu de camp. Ci-dessus, le parc des Haute-Gorges de la rivière Malbaie.

Back to Nature

Scattered throughout the province, some 20 parks offer campers magnificent natural sites to renew their bond with nature, and enjoy the slower pace of the good old days around a campfire. Above, the Parc des Haute Gorges de la rivière Malbaie.

Chasse et pêche

Essentielles à la survie des Amérindiens et des premiers colons, la chasse et la pêche sont devenues des activités sportives très prisées, bien qu'aujourd'hui on fasse plus volontiers la chasse à l'image qu'au gros gibier...

Hunting and Fishing

Hunting and fishing were essential to the survival of the Amerindians and the first settlers. Today they are highly prized sporting activities, attracting some people more for the chance to capture photographs than big game.

L'hiver des sportifs

Immaculé, vivifiant, l'hiver québécois fait le bonheur des skieurs de fond qui peuvent sillonner des milliers de kilomètres de sentiers, pour quelques heures ou pour plusieurs jours.

Le défi des skieurs de fond

La Traversée de Charlevoix est un grand raid qui débute dans le parc des Grands-Jardins et qui se termine 100 km plus loin, au mont Grand Fonds. Le parcours, l'un des plus difficiles à l'est des Rocheuses, traverse des paysages vierges de toute trace, sauf peut-être celles des caribous.

Winter Sport Lovers

Pristine and invigorating, the Québec winter is heaven for cross-country skiers who can choose from thousands of kilometres of trails, taking off for a few hours or for several days.

The Challenge of Cross-Country Skiing

The Traversée de Charlevoix is a long-distance cross-country ski trek originating in the Parc des Grands-Jardins, and winding for 100 km (64 mi) to Mont Grand Fonds. One of the most challenging trails east of the Rocky Mountains, it crosses virgin landscapes where the only tracks may be those of the caribou.

Randonnée pédestre

Des forêts profondes aux sommets couverts d'une flore subarctique, les sentiers de randonnée garantissent le dépaysement et une vraie coupure avec le quotidien. Balisés et bien entretenus, ils se retrouvent principalement dans les parcs et les réserves fauniques. Un grand projet de sentier transcanadien reliant l'Atlantique au Pacifique devrait voir le jour en l'an 2000. Sur les 1000 km prévus au Québec, 100 km sont déjà accessibles au public dans les régions de l'Outaouais, des Laurentides et de Lanaudière.

Hiking

From deep forests to summits carpeted with subarctic flora, Québec's hiking trails offer a relaxing escape from the pressures of daily life. Well marked and carefully maintained, most hiking trails are located in parks and wildlife reserves.

An ambitious project creating a Transcanadian hiking trail linking the Atlantic and Pacific coasts should be completed by the year 2000. Québec's portion of the trail is an estimated 1,000 km (630 miles), of which 100 km (63 mi) is already open in the Outaouais, Laurentians and Lanaudière regions.

Rivières bouillonnantes

Dès que le soleil de mars fait fondre la neige, les rivières se gonflent et s'agitent, prêtes à faire vivre de palpitantes émotions aux amateurs de kayak et de rafting. Hachurée de rapides endiablés aux noms percutants tels que «Portes de l'enfer», «Turbo», «Machine à laver», la rivière Rouge, dans l'Outaouais, est l'une des plus populaires en Amérique du Nord. La Sainte-Marguerite, qui se jette dans le fjord du Saguenay, offre une trentaine de kilomètres d'eaux vives et la Magpie, qui prend sa source au Labrador, plus de 200 km de descente de très haut niveau.

Bubbling Rivers

As soon as the warmth of the March sun melts the winter snow; the turbulence of the swelling rivers guarantees thrills and excitement for lovers of kayaking and white-water rafting. Devilish roller-coaster rapids with names like "Gates of Hell," "Turbo," and "Washing Machine," make the Rivière Rouge in Outaouais one of the hottest rafting rivers in North America. The Rivière Sainte-Marguerite which flows into Saguenay Fjord, has 29 km (18 mi) of foaming whitewater. The Magpie, which flows down from Labrador, offers 200 km (124 mi) of very challenging descent.

Balade en motoneige

La motoneige a été inventée au Québec, dans les années 1950. Il est donc naturel que la province possède le plus important réseau de sentiers au monde, soit quelque 30 000 km de pistes sur lesquelles on peut voyager pendant des semaines.

Escalades aux chutes

La Belle Province est bénie d'une géographie peu commune qui permet deux types d'ascension : l'escalade de rocher et l'escalade de glace. La chute Montmorency, plus haute de 10 m que les chutes du Niagara et qui attire une nuée de touristes chaque été, devient, en hiver, le mur de glace le plus fréquenté au Canada.

Snowmobiling Excursions

The snowmobile was invented in Québec in the 1950's, so it's no wonder that the province has the most extensive network of snowmobile trails in the world. With over 30,000 km (18,630 mi) of trails, it's possible to travel for weeks on end.

Scaling a wall of ice

Endowed with an extraordinary geography, the Belle Province offers climbers two challenges — rock climbing and ice climbing. The Montmorency Falls is 10 meters higher than Niagara Falls and attracts flocks of visitors every summer. In winter it freezes into Canada's most climbed wall of ice.

L'homme et son traîneau

Au palmarès de l'exotisme, le traîneau à chiens vole la vedette à bien d'autres activités hivernales. Rien n'égale, en effet, l'exaltation de se faufiler dans les bois ou de traverser la toundra en faisant corps avec le traîneau et de partager l'amitié des mushers (conducteurs de traîneau).

Vie de chien

Huskys sibériens au corps mince ou malamutes massifs au pelage de loup, les chiens de traîneau sont infatigables, pouvant aisément parcourir de 30 à 60 km par jour, à une vitesse moyenne de 10 km/h.

Man and His Dogsled

Dogsleading is surely one of winter's most exotic sports. Nothing beats the exhilaration of dashing over the tundra or weaving intricate trails through the woods, while feeling part of the dogsled and enjoying the company of the mushers, (the dogsled team drivers).

A Dog's Life

Siberian huskies with slim bodies or powerful Malamutes with wolf-like coats, sled dogs are tireless beasts. They can easily run 30 to 60 km (20-40 mi) a day with an average "cruising speed" of 10 km/h (6 mph).

Excursion à cheval...

Qui n'a pas rêvé de jouer au cowboy, de galoper sans retenue à travers des étendues sauvages, de bivouaquer sous les étoiles, de manier le lasso ou de chercher des pépites dans un ruisseau comme au temps glorieux de la ruée vers l'or?

ou à pied

Qui n'a pas senti l'appel de la nature en se baladant dans une érablière aux chaudes couleurs de l'automne?

Horseback Riding

Who hasn't dreamed of playing cowboy, galloping freely through the wilderness, camping under the stars, swinging a lasso or panning for gold like in the glorious old days of the gold rush?

Or Hiking Excursion

Who hasn't felt the song of nature while strolling along in a maple grove colored with warm autumn tints?

Libres comme l'air

Découvrir le Québec comme seuls les oiseaux peuvent le faire ou filer sans retenue au creux des vagues, voilà ce que proposent le deltaplane et la planche à voile, en plus d'un sentiment de totale liberté.

Free as the Air

See Québec as only the birds can see it. Glide like a seagull over the waves. That's what hang-gliding and windsurfing offer — along with a sensation of total freedom.

Poussés par le vent

Les Îles-de-la-Madele ne sont considérées comme le paradis de la planche à voile, alors que le mont Saint-Pierre, en Gaspésie, est la capitale du vol libre de l'est du Canada.

Blown by the Wind

The Magdalen Islands are a windsurfers paradise, and Mount Saint-Pierre, in the Gaspé Peninsula, is Eastern Canada's hang-gliding capital.

Partout sur deux roues

L'engouement pour la bicyclette a connu un essor prodigieux
ces dernières années et on retrouve des pistes cyclables
partout dans la province, dans les villes et dans les campagnes,
au cœur des montagnes comme le long du littoral.

Round and round — on Wheels

*The bicycling renaissance of the last few years
has spawned a network of bicycling paths all throughout
Québec, enabling cycling enthusiasts to wheel through cities
and the countryside, up steep mountains and along the coastline.*